AF253927

OBSERVATIONS

SUR

LA PROPOSITION DE M. DE PASSY

RELATIVE A

L'AFFRANCHISSEMENT DES ESCLAVES

QUI NAITRONT A L'AVENIR

AUX COLONIES FRANÇAISES.

PAR **M. CONIL**, DÉLÉGUÉ DE L'ÎLE BOURBON.

Paris,

IMPRIMERIE DE GUIRAUDET ET CH. JOUAUST,

RUE SAINT-HONORÉ, 315.

1838

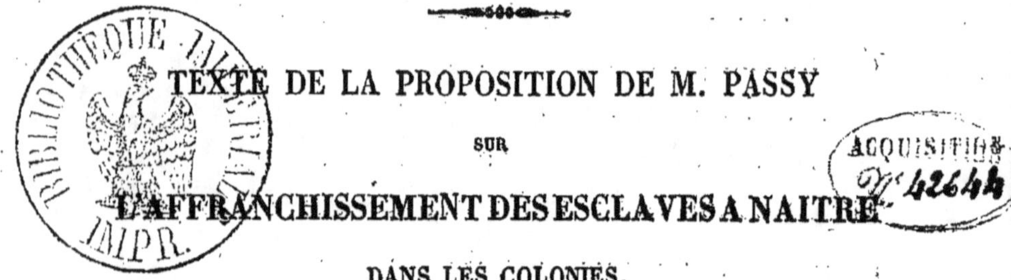

TEXTE DE LA PROPOSITION DE M. PASSY

SUR

L'AFFRANCHISSEMENT DES ESCLAVES A NAITRE

DANS LES COLONIES.

Art. 1er. A dater de la promulgation de la présente loi, tout enfant qui naîtra dans les colonies françaises sera libre, quelle que soit la condition de ses parents.

Art. 2. Les enfants nés de parents esclaves resteront confiés aux soins de leurs mères, et une indemnité annuelle de 50 fr. par tête d'enfant sera allouée aux propriétaires des mères pendant dix années consécutives. Cette indemnité cessera d'être payée dans le cas où l'enfant dont la naissance y aura donné droit viendrait à décéder avant d'avoir atteint l'âge de dix ans accomplis.

Art. 3. Tout esclave aura droit de racheter sa liberté à un prix fixé par des arbitres institués par l'autorité métropolitaine.

L'indemnité due aux propriétaires pour les enfants nés de mères esclaves reviendra de droit à celles des mères qui rachèteraient leur liberté.

Les esclaves mariés ne pourront être séparés en cas de vente, et les maris et femmes qui voudront racheter leur liberté ne paieront que les deux tiers du prix fixé par les arbitres , le troisième tiers sera payé par l'état.

Art. 4. Des ordonnances royales, dont il sera
donné communication aux chambres dans la session qui en suivra la promulgation, statueront
sur les mesures à prendre pour le recensement et
la protection des enfants nés de mères esclaves,
pour la répartition et le choix des arbitres chargés
de régler les conditions des rachats de liberté, pour
l'établissement de caisses d'épargnes, et pour tout
ce qui concernera l'amélioration du sort des esclaves, et l'exécution de la présente loi.

OBSERVATIONS

SUR

LA PROPOSITION DE M. PASSY

RELATIVE A

L'AFFRANCHISSEMENT DES ESCLAVES

QUI NAITRONT A L'AVENIR

AUX COLONIES FRANÇAISES.

***

MESSIEURS LES DÉPUTÉS,

Vous avez autorisé la lecture d'une proposition de M. Passy qui tend à déclarer libres tous les enfants qui naîtront à l'avenir dans les colonies françaises. Quelque menaçante que puisse paraî-tre aux yeux des colons l'approbation donnée à ce projet par la majorité de vos bureaux, les hommes qui s'occupent de la matière n'y verront que le désir bien naturel de vous éclairer sur une question qui jouit chaque année du triste privi-lége d'être discutée avec éclat, souvent avec mal-veillance, sans aboutir jamais à une solution.

Sous ce rapport, il est peut-être heureux pour les colonies que leurs affaires sortent enfin des généra-lités déclamatoires au milieu desquelles on s'étudiait à les envelopper, pour arriver au grand jour d'un débat dont le texte, grâce à la manière dont il est formulé, ne permettra plus aux hostilités systématiques de trouver auprès de certains esprits la faveur qu'elles ambitionnent.

Les colons se voient aujourd'hui face à face avec la société abolitioniste, et ils peuvent s'expliquer avec elle.... Je me trompe, messieurs : cette société va parler par l'organe de ses membres les plus influents qui ont fait rejaillir sur elle leur importance parlementaire, et les colons vont être jugés, absents, écartés du sein de la représentation nationale, et réduits à ne compter pour leur défense que sur quelques voix amies, dont les accents expireront peut-être parmi les clameurs de la calomnie, qui long-temps à l'avance a voulu vous les rendre suspects.

L'acte législatif que vous avez donné aux colonies, et dont elles subissent aujourd'hui les fâcheuses conséquences, avait cela de bon du moins que, s'il leur refusait une participation directe à la confection de certaines lois, il semblait aussi, et par cela même, laisser en dehors de l'initiative des chambres tout ce qui n'était pas réservé à la législature métropolitaine; et l'on était fondé à croire que, si les intéressés n'étaient pas appelés à la discussion, c'était un motif de plus pour que leurs intérêts fussent soigneusement tenus en dehors du cercle tracé aux attributions de cette législature.

Mais on serait mal venu, je le reconnais, à vous contester un droit que vous considérez comme une conquête, et je n'aurai pas la témérité de raisonner contre votre omnipotence. Je craindrais, je l'avoue, qu'on ne se servît de mes arguments pour modifier dans un sens moins libéral encore les modestes prérogatives abandonnées aux assemblées coloniales.... : on briserait l'obstacle, car on ne daignerait pas examiner s'il est sérieux. La loi a été faite par vous, pour vous : il est rationnel qu'elle soit exploitée au profit de la popularité que chacun de vous voudra acquérir en attachant son nom à des mesures dont l'inopportunité et l'injustice disparaissent devant le grand mot d'*humanité*, qui résonne si puissamment aux oreilles des masses.

Je me résigne donc, Messieurs, au rôle de suppliant; non pas que mon langage doive descendre de la hauteur où l'a placé le droit qu'on vous propose de méconnaître, mais parce que tout citoyen doit respecter, même lorsqu'il se plaint, les lois de son pays, et surtout ceux qui les décrètent.

La question de l'affranchissement des esclaves est une question sérieuse, délicate et difficile. Vouloir la résoudre par le sentiment, c'est la dénaturer; la discuter de sang-froid, c'est le devoir du législateur, c'est le vôtre, Messieurs, et vous saurez l'accomplir.

Inconnu parmi vous, privé de toute coopération à vos travaux, revêtu cependant d'un mandat honorable, je dois à mes commettants, je vous dois à vous-mêmes, de vous soumettre le tribut de mes réflexions dans une circonstance où la moindre de vos erreurs compromettrait à jamais l'avenir du pays que je représente.

Lorsque l'Angleterre a voulu affranchir les esclaves de ses colonies, elle a posé nettement le principe de l'émancipation, et n'a reculé devant aucune de ses conséquences. Ainsi elle a voté un demi - milliard pour indemniser les colons, et doublé presque partout les garnisons pour contenir les esclaves.

Sa mesure s'accomplit aujourd'hui : l'avenir seul nous apprendra si elle a réussi au gré de ses espérances. Mais en l'état, croyez-le bien, Messieurs, quelles que soient les assertions de la société abolitioniste, les hommes qui sont à la tête du gouvernement britannique n'envisagent pas sans de légitimes préoccupations le moment où les affranchis jouiront de la plénitude de leur liberté. Vous n'ignorez pas, en effet, que l'apprentissage des anciens esclaves ne finira qu'au mois d'août prochain pour les uns, et en 1840 pour les autres. Jusque là rien n'aura été changé dans le régime des habitations; ou plutôt ce régime lui-même, qui, lorsqu'il dépendait de la seule générosité des maîtres, pouvait sans inconvénient pour eux souffrir quelque relâchement, ne le permet plus aujourd'hui que l'autorité publique a dû s'interposer entre le propriétaire et le travailleur pour maintenir celui-ci dans la subordination sans laquelle aucune exploitation n'est possible.

Si l'on vous proposait en ce moment d'imiter l'exemple de la Grande-Bretagne, les colons hésiteraient peut-être moins que vous ne le pensez à vous seconder. Garantissez-leur une indemnité entière, une sécurité parfaite, et livrez-vous ensuite à vos isnpirations humanitaires : j'ose vous promettre qu'ils ne resteront pas en arrière de ce que votre loyauté exigera de leur confiance.

Mais si, au lieu d'une solution tranchée, définitive, complète, on ne s'attache qu'à les inquiéter sur la légitimé de leur possession; si l'on se jette sans préparation, sans connaissance de la matière, dans des projets dont on reconnaît soi-même l'exécution impossible; si enfin ces projets, quelle que soit la bonne foi qui a pu les dicter, vont évidemment contre le but qu'on veut atteindre, et consacrent la spoliation des colons, vous ne seriez pas conséquents avec vos doctrines de conservation, Messieurs, si vous ne vous empressiez de les repousser.

M. Passy est un homme grave, je le sais; il poursuit avec une persévérance qui fait honneur à ses convictions l'abolition de l'esclavage, et il veut arriver à ses fins par tous les moyens qu'il croit compatibles avec la bonne foi de la nation dont il est un des représentants; cela me paraît hors de doute : car je ne lui ferai pas l'injure de supposer que le désir de susciter des embarras au ministère ait été pour rien dans la proposition que vous l'avez autorisé à développer devant vous. On ne peut, toutefois, s'empêcher de se demander comment il se fait que cet honorable député ait attendu de ne plus être ministre pour formuler un projet dont il eût été plus convenable peut-être que l'initiative fût laissée au gouvernement. Serait-ce que l'opportunité de sa résolution, et surtout sa praticabilité, douteuses pour le membre du cabinet, auraient cessé de l'être pour le député de l'opposition ?

Quoi qu'il en soit, Messieurs, il me semble peu probable que cette révélation soudaine vous soit apparue avec le même degré d'évidence ; et je m'estimerai heureux si mes observations contribuent à vous préserver d'une faute dont les conséquences seraient désastreuses pour vos concitoyens d'outre-mer.

On vous propose de déclarer 1° que les enfants qui naîtront dans les colonies à partir de la promulgation de cette loi seront libres, quelle que soit la condition de leurs parents ;

2° Que les enfants nés de parents esclaves resteront confiés aux soins de leurs mères, et qu'une indemnité annuelle de 5o fr. par tête d'enfant sera allouée aux propriétaires des mères pendant dix années consécutives, cette indemnité devant cesser dans le cas où l'enfant viendrait à décéder avant d'avoir atteint l'âge de 10 ans accomplis ;

3° Que tout esclave aura droit de racheter sa liberté à un prix fixé par des arbitres institués par l'autorité métropolitaine ;

4° Que des ordonnances royales statueront sur les mesures à prendre pour le recensement et la protection des enfants nés de mères esclaves, pour la répartition et le choix des arbitres, pour l'établissement de caisses d'épargne, et pour tout ce qui concerne l'amélioration du sort des esclaves et l'exécution de la loi proposée.

Ce projet, sous des formes qui, au premier coup d'œil, paraissent inoffensives, renferme la destruction du système colonial, et rend désormais impossible toute tentative sérieuse d'émancipation : c'est donc autant dans l'intérêt de l'humanité que dans celui des colons que vous devez vous empresser de le rejeter.

En effet, ne perdez pas de vue, messieurs, que l'esclavage existe en fait et en droit aux colonies, qu'il y a été constitué par les lois de la métropole, dans l'intérêt de la métropole, et par les hommes de la métropole ; que les colons n'ont fait qu'hériter d'un ordre de choses qui leur fut transmis ; qu'il n'y a ni crime, ni faute, ni illégalité dans leur possession, et que, puisqu'ils sont Français, ils ont droit comme les régnicoles à la protection que la charte étend sur toutes les propriétés.

Ces arguments ne sont pas nouveaux, je le sais ;

mais ils ne sont pas moins concluants, et force sera toujours de les répéter, puisque l'on reproduit sans cesse les mêmes objections sans se donner la peine d'en varier la forme.

Il est vrai qu'une doctrine nouvelle a été professée dans ces derniers temps à votre tribune, peu accoutumée pourtant à de semblables écarts. On a dit que les dispositions du pacte fondamental ne pouvaient s'appliquer à la propriété esclave, et que celle-ci dès lors restait sous le coup de toutes les décisions que vous voudriez adopter pour elle. Cette théorie si brutalement spoliatrice n'a pas sans doute fait de nombreux prosélytes parmi vous, messieurs, qui savez combien tout se tient et s'enchaîne dans l'ordre social, et combien surtout il faut se garder de toucher à ses garanties presque toujours opposées aux principes du droit naturel. Le publiciste qui a pu proférer un pareil anathème n'est heureusement pas en possession de votre sympathie, et quant aux colons, ils ne se font pas l'injure de lui rendre la haine qu'il leur a vouée.

Je raisonne, messieurs, pour des hommes animés du bien public, pour des représentants dignes de cette noble magistrature; je m'adresse enfin à l'immense majorité de la chambre, qui veut être éclairée, et qui ne repousse jamais la lumière, quelle que soit la main qui la porte.

L'esclave est une propriété, propriété malheureuse, j'en conviens, propriété que nos mœurs repoussent, je le reconnais ; mais propriété enfin qu'on doit respecter à l'égal des autres propriétés, à moins qu'on ne veuille se jouer de tout ce qu'il y a de plus sacré dans le contrat social.

L'honorable M. Passy, dominé par cette idée, n'hésite pas à reconnaître l'indemnité pour la dé-possession, attendu que, dans son opinion sans doute, il y aurait iniquité à violer chez les plus faibles le principe qu'on ne fait respecter chez soi que parce qu'on est le plus fort.

Grâces lui soient rendues pour cette prémisse ; son imperfection elle – même ne dépose que plus éloquemment encore du droit à la sainteté duquel un esprit aussi élevé se voit contraint de rendre hommage.

Mais si ce droit existe, il ne saurait devenir sté-rile dans son application, ni illusoire dans ses conséquences. Il faut le subir dans sa rigueur, ou le violer sans ménagements, car la pire des cho-ses pour le législateur, c'est de ravaler la ma-jesté de ses actes jusqu'aux honteuses combinai-sons d'une déception. Or la proposition de M. Passy, sous ce rapport, ne tend qu'à vous faire sanctionner une spoliation couverte du masque de l'indemnité.

L'esclave, par cela même qu'il est esclave, ne peut devenir libre que de deux manières : par la volonté de son maître ou par la volonté de la loi. Dans le premier cas, le maître se dépouille : c'est un acte spontané de sa volonté, qui trouve son indemnité dans l'exercice régulier et légitime d'un droit incontesté; dans le second cas, la loi, en imposant la dépossession au propriétaire, lui doit *préalablement* le dédommagement intégral de la valeur dont elle le dépouille.

Sans examiner si vous pouvez constitutionnellement décréter que les enfants à naître des esclaves seront libres à l'avenir, je reconnais que cette prérogative vous appartient, puisque vous avez la force. Mais que vous puissiez vous affranchir des prescriptions de la charte en ce qui concerne l'expropriation pour cause d'utilité publique, c'est ce que vous n'oseriez pas mettre en question. Le droit public des Français est aussi le droit public des colons, et ce droit ne souffre pas la controverse.

Accorder aux propriétaires des mères dont on veut affranchir les enfants une somme de 5o fr. par an (à peu près 15 cent. par jour) pendant dix ans, à titre d'indemnité, c'est, permettez-moi de vous le dire, une amère dérision; c'est parodier la loi, c'est outrager la charte.

En effet, messieurs, les calculs les plus modérés évaluent à 12o fr. par an les dépenses qu'occasionnent actuellement aux colons les soins des jeunes esclaves qui naissent sur leurs habitations; et dans cette évaluation encore ne figurent ni les menus frais d'une foule d'objets que la sollicitude des maîtres leur prodigue à chaque instant, ni la valeur du travail des mères, dont on se pré-

occupe d'autant moins que l'on sait toujours con-
cilier les devoirs de la maternité avec les exigences de la discipline.

Le projet ne se borne pas à réduire à un tiers en-
viron de la somme strictement nécessaire ce qu'il
appelle l'indemnité ; il confisque pendant dix ans
le travail des mères , qui , aux termes de l'art. 2,
demeurent chargées du soin de leurs enfants :
d'où la conséquence que nul ne pourra pendant ce long espace de temps réclamer de ces
mères autre chose que ces soins dont leur mau-
vaise volonté saura bien se faire un prétexte pour
décliner toute espèce de corvées.

Or, messieurs , je le demande à tout homme de
bonne foi , cette liberté de fait conférée pendant
10 ans au moins, à cinq ou six mille négresses ne
les enlève-t-elle pas pour jamais à toute subordination , et reprendront-elles patiemment le joug de
la règle commune lorsqu'elles auront ainsi goûté
le bonheur de vivre sans travailler : car M. Passy
entend sans doute qu'au moyen des 15 cent. par
jour le propriétaire devra nourrir à la fois le fils
et la mère.

Vous voyez donc, messieurs, que d'un côté les
colons perdront à peu près 100 fr. par an sur
chaque enfant, et qu'ils devront ajouter à cette
perte la privation de dix années de travaux utiles
de la part de sujets dans la force de l'âge.

Qu'on ne s'y trompe pas , l'indemnité , même
en la portant à 120 fr. par an, c'est-à-dire à 1200

fr. , serait dans ce cas insuffisante : car le maître n'en profiterait en aucune façon ; il dépenserait d'une main ce qu'il recevrait de l'autre , et, à l'expiration des dix années , il verrait disparaître le jeune affranchi , qui fuirait au moment où l'on aurait pu commencer à tirer parti de son travail.

Ainsi le droit de propriété serait violé dans toute l'acception du mot , car une indemnité ne mérite plus ce nom dès que celui qui la reçoit ne peut pas en disposer à son gré.

Mais au dessus des considérations financières, qui ont leur importance sans doute, s'élèvent ici des considérations morales dont la gravité vous paraîtra aussi digne de quelque attention ; et si l'on vous propose au nom de l'humanité de libérer les enfants , vous écouterez peut-être ce que je vais vous dire au nom de cette humanité, qui aurait à gémir d'une pareille mesure.

Il est convenu parmi les adeptes d'une certaine école que les colons n'ont aucune générosité dans le caractère , aucune élévation dans l'esprit, et que leur inhumanité est depuis long-temps proverbiale. Ils possèdent des esclaves, cela seul les met au ban de la civilisation. Mais ce qu'on ne leur à jamais contesté du moins, c'est l'intelligence de leurs intérêts. Or il faut craindre surtout de mettre ces intérêts en opposition avec la philanthropie : on serait bien assuré que celle-ci serait sacrifiée.

En l'état actuel des choses, le maître, légitime

possesseur de l'esclave, tient à la conservation de sa propriété et à l'amélioration de son patrimoine; il soigne ses noirs, afin que ceux-ci puissent travailler avec plus d'utilité pour lui, et ils ne les ménage dans le présent que pour ne pas compromettre son avenir.

Une négresse enceinte devient l'objet des attentions les plus minutieuses ; on la dispense des corvées les plus pénibles ; on ne lui permet que des occupations compatibles avec son état ; deux ou trois mois avant l'accouchement, elle est même exemptée de toute espèce de tâche : car le planteur ne veut pas aventurer le fruit qu'elle porte, et dont il doit s'enrichir.

Est-elle délivrée, une alimentation copieuse lui est religieusement fournie, afin que son enfant en profite comme elle ; on sème pour recueillir : c'est la loi de nature.

Enlevez cette espérance au colon, vous détruisez le mobile de ses sacrifices, vous l'obligez à exploiter sans relâche les forces de son esclave, puisque l'enfant qui en proviendra sera une cause de ruine pour lui ; vous livrez, en un mot, l'enfant et la mère à la merci d'un intérêt purement matériel.

Vainement dira-t-on que les règlements de police sauront prévenir de pareils abus : à moins qu'on ne veuille contraindre les maîtres à se dépouiller pour le plus grand avantage de leurs esclaves, on ne pourra jamais exiger qu'ils leur ac-

cordent plus que la loi elle-même ne leur a voulu donner.

Que dira-t-on, par exemple, au planteur qui
abandonnera à la mère la totalité de l'indemnité,
à la charge par elle d'élever et de nourrir son enfant, c'est-à-dire de pourvoir à tous ses besoins,
moyennant 15 centimes par jour ?

On le voit, la loi ouvre la porte à tous les abus:
car, encore une fois, l'abnégation de l'intérêt
personnel ne s'impose pas, en raisonnant toujours
au point de vue de ceux qui n'admettent pas chez
les planteurs les plus vulgaires notions des principes d'humanité. Toutefois, les rédacteurs du
projet semblent avoir cédé malgré eux à une con-
viction contraire : car sans cela on se demande-
rait comment ils ont pu supposer que leur proposition serait exécutable.

S'ils ne comptent pas sur le désintéressement
des colons, ils veulent une chose impossible;
s'ils y comptent, pourquoi leur projet lui-même
est-il conçu dans un si révoltant esprit de dé-
fiance et d'hostilité ?

Mais à défaut de cette impossibilité matérielle
d'exécution, vous allez reconnaître, Messieurs,
dans quelle série d'inextricables difficultés on va
vous lancer si l'on vous fait adopter la proposition.

Les enfants naîtront libres, et ils resteront confiés à leurs mères esclaves : accouplement bi-
zarre, qui ne permettra pas plus à la mère d'in-
culquer de bons principes d'éducation à son en-

fant qu'il n'inspirera à l'enfant le respect salu-
taire pour celle de qui il tient le jour ; amalgame
anormal, qui tend à vicier la liberté par l'esclavage, et l'esclavage par la liberté !

L'enfant né depuis la loi aura des frères nés
avant lui, lui libre, eux esclaves, et les uns et
les autres se demandant, sans pouvoir se la donner, la raison de cette différence.

On l'a dit depuis long-temps, ce qui manque
aux esclaves ce sont les mœurs de la famille ; et,
avant d'en vouloir faire des citoyens, il faut s'oc-
cuper d'en faire de bons fils, de bons pères. Or,
ne détruirait-on pas toute espérance d'amélioration sous ce rapport si l'on jetait dès ici dans la
famille des éléments permanents de dissolution,
c'est-à-dire la jalousie parmi les frères, et le mé-
pris de la part des enfants ?

Si nous sortons des rapports des jeunes affranchis avec leurs parents, si nous les mettons en
présence de la population libre, comment ré-
glerez-vous leurs intérêts réciproques. La puis-
sance paternelle, la tutelle, l'administration des
biens des mineurs, à qui les confierez-vous ? Le
père ou la mère esclaves pourront-ils gérer e
pécule de l'homme libre, consentir ou s'opposer
à son mariage, le représenter enfin devant la
loi, eux qui n'ont pas le droit de se représenter
eux-mêmes. Etablirez-vous, par une disposi-
tion générale, que ces droits et ces obligations
leur seront dévolus ; mais vous les introduisez

forcément dans la société civile, et tous les jours on les verra harceler de leurs réclamations les maîtres auxquels ils doivent obéissance. Le remaniement complet de toute la législation civile et criminelle sera donc la conséquence, ou plutôt devrait être le préliminaire indispensable du changement d'état que l'on veut improviser avec si peu de réfléxions.

Dans ce système, on confère il est vrai à la couronne le pouvoir de régler par ordonnances tout ce qui concerne l'exécution de la loi proposée ; mais on oublie qu'il s'agit ici de personnes libres, et que leurs droits civils et politiques ont été réservés par la loi du 24 avril à la législature métropolitaine.

Il faudrait donc aujourd'hui non seulement retoucher cette loi, mais encore refaire tous les codes, mesure devant laquelle votre responsabilité reculerait peut-être, effrayée de l'immensité de l'entreprise.

Messieurs, il naît à peu près six mille esclaves par an dans les colonies : si vous les affranchissez vous jetez dans la société six mille individus, qui, parvenus à leur adolescence, n'auront connu la liberté que par le désœuvrement où ils auront vécu, et deviendront dès lors les plus dangereux ennemis de la tranquillité publique. Élevés par des esclaves, ils continueront à vivre comme des esclaves, ou plutôt par les esclaves ; libres de par la loi, ils s'introduiront dans les ateliers où ils prêcheront la désobéissance, pousseront à la révolte, et préconiseront l'insurrection. Leurs paroles auront d'autant plus de retentissement qu'elles s'adresseront à des hommes dont une longue habitude leur aura permis de connaître les pensées et de caresser les passions, et à force de tentatives, aujourd'hui avortées, demain reprises, jamais abandonnées, vous les verrez menacer toutes les fortunes, inquiéter toutes les existences.

Les colonies ne sont-elles donc pas assez malheureuses de la position qu'on leur a faite, pour qu'on doive travailler avec tant de persistance à leur complète destruction.

Vour traitez leur industrie comme si elle était étrangère ; vous interdisez vos marchés à ses produits, ou plutôt vous ne les contraignez à y venir que pour y rencontrer des produits rivaux, privilégiés de toute l'énormité des taxes devant lesquelles aucune concurrence n'est possible.

Si elles vous expriment leurs souffrances, vous ne daignez pas même leur promettre un soulagement, et, dans le marasme où vous les forcez à languir, vous n'avez pas la générosité de leur laisser entrevoir une espérance de salut.

Ceux qui veulent les immoler devraient avoir du moins le courage de leur opinion, et, au lieu de prolonger cette agonie, ils feraient acte de loyauté en frappant décidément un grand coup, sans torturer à plaisir ces pays infortunés, triste pâture pour leur continuelle malveillance.

Vous les conviez au progrès, et vous tenez toujours suspendue sur leur tête l'épée de vos lois. Marchent-elles, vous vous plaignez de leur lenteur; viennent-elles à s'arrêter, vous dites qu'elles rétrogradent. Quel est l'ordre social possible avec de pareilles conditions!

Si l'état de vos finances vous permet de suivre les impulsions de vos âmes, si vos intérêts matériels sont satisfaits, si vous avez assez de capitaux pour creuser tous vos canaux, ouvrir ou réparer toutes vos routes, construire tous vos ponts, consacrez quelques millions à l'amélioration morale des esclaves, donnez-leur une éducation religieuse qui les initie à la civilisation par le travail; permettez aux maîtres de se livrer, sans ces perpétuelles préoccupations d'avenir, aux mouvements de leur propre libéralité; faites-leur des conditions meilleures par l'abaissement de vos tarifs, et vous verrez les esclaves participer au bien-être que vous aurez répandu là où jusque ici une maladroite philanthropie n'a fait que semer le désordre et fomenter la rébellion.

On songe peu à améliorer lorsqu'on n'est pas assuré de conserver. Les colons en sont réduits à cette cruelle extrémité, car chaque jour leur existence est mise en problème précisément à cette tribune où, seuls de tous les Français, ils n'ont pas le droit de se faire entendre.

Voyez, Messieurs, l'énormité de ce qu'on vous

propose à l'encontre des colonies; on veut que vous vous occupiez d'elles sans elles, et chez elles; en même temps qu'on vous demande d'affranchir tous les enfants, on vous glisse comme un corollaire de ce principe la faculté de rachat pour les esclaves moyennant un prix déterminé par arbitres institués par l'autorité métropolitaine; c'est-à-dire que, par une exception monstrueuse à la législation commune, le propriétaire qu'on voudra déposséder sera seul privé du droit de débattre les conditions du marché et de nommer son arbitre pour régler le prix.

Oublions un instant qu'il s'agit des colons et d'une propriété sur laquelle vos idées ne se sont peut-être pas assez arrêtées; figurez-vous une expropriation sans que le légitime possesseur ait été contradictoirement appelé à désigner les experts, et demandez-vous si vous ne vous révolteriez pas avec raison contre une semblable illégalité.

L'esclavage, quelque odieux qu'il vous paraisse, ne doit pas égarer votre jugement jusqu'à vous porter à mettre hors la loi ceux qui l'ont trouvé tout constitué, long-temps avant qu'on se fût avisé de prêcher des croisades contre lui, et son abolition, pour être digne de vous comme de la grande nation que vous représentez, ne peut procéder en haine des intérêts qui y sont engagés.

Si vous consultiez ces intérêts, si vous les écoutiez dans leurs doléances, ils vous diraient : « que

» les colons ne rejettent aucun des vœux de la
» philanthropie, qu'ils veulent tout ce qu'elle dé-
» sire, mais qu'ils le veulent avec prudence, c'est-
» à-dire sans s'exposer à des perturbations et à des
» catastrophes; qu'ils sont mieux placés pour ap-
» précier ces questions que ceux qui prétendent
» les juger à deux ou trois mille lieues du terrain,
» et dans l'ignorance des choses coloniales. » (1)

Ils vous diraient encore que c'est par eux et avec eux qu'il faut conduire les progrès et faire marcher les améliorations, si l'on veut un progrès réel et des améliorations durables. Ils vous démontreraient enfin qu'il ne faut pas confondre les légitimes exigences du siècle avec les incessantes déclamations de quelques novateurs.

On leur a reproché, Messieurs, d'avoir repoussé tout récemment les projets sur le rachat forcé et le pécule des esclaves que le ministère leur avait proposés : mais on oublie que ces projets ont été rejetés surtout par des motifs tirés de leur inconstitutionnalité; et peut-on trouver surprenant que les assemblées coloniales n'aient pas voulu s'associer à des mesures dont il ne leur était permis ni de calculer la portée, ni de maîtriser les conséquences.

Au reste, dans une question où l'opinion publique est si souvent invoquée par ceux-là mêmes

(1) Adresse du conseil colonial de l'Ile-Bourbon au roi des Français. (24 novembre 1834.)

qui l'ont trouvée sourde à toutes leurs provoca-
tions, interrogez le pays et voyez son attitude.
La moitié de la France ignore peut-être que les
colonies possèdent des esclaves ; l'autre moitié se
préoccupe peu de leur sort. En présence des besoins
de la société, lorsque de toutes parts ses plaies se
dévoilent avec de si déplorables caractères, pen-
sez-vous que vos commettants seraient disposés à
porter des remèdes à des maux qu'ils ne connais-
sent pas, pour négliger des misères dont la triste
réalité les afflige et les menace chaque jour. Les
souffrances du peuple sont bien autrement dignes
de votre sollicitude que celles des esclaves, qui
nulle part ne meurent ni de faim ni de froid ; et
si vous avez des ressources contre tous ces fléaux,
réservez-les pour les infortunés qui vous entou-
rent, plutôt que de les dépenser sans profit dans
des essais d'une sensibilité chevaleresque et d'une
philanthropie cosmopolite.

L'esclavage s'en va, la traite ne se fait plus ;
trente mille affranchissements volontaires ont été
effectués depuis sept ans, et le moment n'est pas
éloigné où les colons vont être obligés de demander à la terre d'Afrique des travailleurs libres pour
remplacer les esclaves. Laissez cette heureuse
transformation s'opérer sans secousses, sans vio-
lences, sans qu'il en coûte un écu au trésor ni une
larme aux colonies. Mais si vous êtes décidés à
vous mettre à la remorque de la secte abolitioniste, soyez plus sincères qu'elle, comprenez

bien que le pire des maux c'est l'incertitude, et qu'il n'y a ni générosité ni justice à tuer en détail des sociétés que leur faiblesse même rend plus dignes de votre protection.

Quelle que soit votre décision, Messieurs, et, en la supposant conforme à vos précédentes, tel est le malheur de la situation des colonies qu'il ne dépend plus de personne d'empêcher le mal que la lecture seule de la proposition de l'honorable M. Passy doit leur occasionner. Les mots d'affranchissement, de liberté, ne sont pas jetés en vain au milieu d'une population esclave qui comprend avec un admirable instinct que les sympathies manifestées pour elle sont autant de témoignages d'hostilités contre ses maîtres, et qui dès lors compte à l'avance sur l'impunité de ses désordres, parce qu'elle ne fait que mettre en pratique les doctrines qu'on lui prêche avec un si désolant acharnement.

11 février 1838.

Imprimerie de GUIRAUDET et Cⁱᵉ. JOUAUST, rue Saint-Honoré, 315.

www.ingramcontent.com/pod-product-compliance
Lightning Source LLC
Chambersburg PA
CBHW051401060726
47596CB00005B/2024